AF331366

NOTE

A M. LE LIEUTENANT-GÉNÉRAL

COMTE D'ERLON,

GOUVERNEUR GÉNÉRAL DES POSSESSIONS FRANÇAISES D'AFRIQUE DU NORD,

POUR SERVIR DE COMPLÉMENT A UN ENTRETIEN

AU SUJET

DU RESPECT DE LA PROPRIÉTÉ,

ÉQUITABLEMENT CONCILIÉ, EN RAISON DES CIRCONSTANCES ET DES LIEUX,

AVEC

LE LOGEMENT MILITAIRE PERMANENT CHÉZ L'HABITANT,

PAR **M. CAPPÉ**, AVOCAT,

Juge royal démissionnaire à Oran (Afrique),

ET DÉLÉGUÉ DE CETTE COLONIE PRÈS DU GOUVERNEMENT ET DES CHAMBRES DE LA MÉTROPOLE.

PARIS,

IMPRIMERIE DE GOETSCHY FILS, RUE LOUIS-LE-GRAND, N. 35.

AOUT **1834.**

DU RESPECT

DE LA PROPRIÉTÉ

CONCILIÉ

AVEC LE LOGEMENT MILITAIRE CHEZ L'HABITANT.

Le principe fondamental de toute société est le respect des biens, respect proclamé par le droit de la nature et des gens, et confirmé par les lois particulières de chaque peuple.

Sans remonter à l'origine de la propriété et à la sanction de plus en plus formelle que la succession des tems lui a donnée, examinons la législation existante en France sur cette matière de premier ordre.

Par son article 8, la Charte dispose que « toutes les propriétés sont inviolables sans exception; » et, par son art. 9, il est consacré que « l'État peut exiger le sacrifice d'une propriété, pour cause d'intérêt public légalement constaté; mais avec une indemnité préalable. » Des lois spéciales ont ensuite fixé le mode de constatation de cette utilité publique et d'estimation de l'indemnité.

Maintenant dans quels cas peut-on se soustraire à l'observation de règles si précises et si salutaires?

4

Est-ce en tems de guerre et sur son théâtre?

Est-ce en pays d'occupation militaire?

Est-ce en pays de conquête?

La loi ne fait pas de distinction, nous ne pouvons donc pas non plus distinguer : *Ubi lex non distinguit nec nos distinguere debemus* ; cependant il est notoire que si l'ordre a ses exigences , la nécessité a aussi les siennes ; aussi voyons-nous toujours les armées d'invasion, en état d'hostilité, s'installer au foyer domestique du particulier , sans aucun respect pour la législation protectrice que nous invoquons ; mais la guerre , chacun le sait , est un fléau qui porte partout la confusion , ses ravages et la désolation. Toutefois ses calamités sont transitoires , et tendent à une fin prochaine.

Il en est autrement , lorsqu'appelée à titre d'alliée chez un peuple ami, et c'est l'occupation, l'armée pénètre sur son territoire, elle observe alors les lois locales, et ne violente aucun droit établi ; témoins nos incursions en Belgique et en Italie.

Les pays de conquête sont ceux qui , par le sort des armes , tombent dans le patrimoine national , et s'y incorporent avec ce titre et certaines faveurs, sinon toutes, à moins qu'un pacte politique ne leur ait encore assuré des avantages spéciaux. Sous ce rapport, il est aisé de saisir la position des peuples et des propriétés d'un tel territoire.

Mais d'ailleurs, si des exemples nombreux d'abus et d'ignominie on voulait tirer des préceptes de droit

et de justice, il faudrait se hâter de dire que la ville
d'Alger et ses environs ne sont ni en état de guerre,
puisque depuis trois années il n'y a eu sur ces points
aucune hostilité et que toutes les tribus voisines ont
fait leur soumission ; ni aucun lieu de la Régence pays
d'occupation, puisqu'elle est régie au nom du pouvoir
souverain de la France et déjà incorporée à ses do-
maines ; ni pays de conquête, dans l'acception *absolue*
du mot, puisqu'il existe un traité de capitulation qui
pose des limites au vainqueur et stipule la protection
de droits pour les vaincus. Cependant ce n'est pas,
comme à la rigueur cela pourrait être, un lit, place
au feu et à la chandelle, l'ustensile de cuisine et le logement pour trois nuits, décerné en vertu d'ordres de
la municipalité, conformément aux réglemens militaires, que prétendent et s'adjugent seulement les
hôtes gratuits et violens ; mais c'est l'habitation inté-
grale et sans terme du propriétaire qui est, lui et sa
famille, impitoyablement jeté à la rue, pour céder sa
demeure à un officier civil ou militaire. On a même vu
un propriétaire dépossédé de cinq magnifiques hôtels,
par le même expédient, et forcé de prendre un gîte
à l'auberge, n'ayant pu obtenir, dans ses propres
immeubles, un modeste appartement de la générosité
de ses spoliateurs ! Ce n'est pas tout encore, les Turcs,
en violation de la capitulation d'Alger et sous un astu-
cieux prétexte, ont été expulsés et leurs biens con-
fisqués pour cette destination, crime que condamne
également la politique et la morale de tous les peu-

ples, et dont les barbares eux-mêmes, que nous aspirons à civiliser, n'eussent jamais osé se rendre coupables ! !

Sans doute, comme nous l'avons déja fait pressentir, une exception aux dispositions générales du droit de propriété, a été portée par la loi de 1791, pour le logement des militaires; exception dont l'impérieuse nécessité a tracé les rigueurs avec tous les ménagemens possibles. Ses articles essentiels sont ainsi conçus :

Art. 2. Dans aucune place de guerre, poste militaire ou ville de l'intérieur, les municipalités ne pourront être tenues de fournir ni logement, ni emplacement, ni magasins pour l'usage des troupes, qu'autant que ceux *actuellement existans* seraient insuffisans.

Art. 4. Dans les places de guerre, postes militaires et villes de garnison de l'intérieur, il sera fait, par les officiers municipaux, un recensement de tous les logemens et établissemens qu'elles peuvent fournir, sans fouler les habitans, à l'effet d'y avoir recours au besoin, et *momentanément* soit dans le cas de passage de troupes, soit dans les circonstances extraordinaires, lorsque les établissemens militaires n'y suffiront pas.

Art. 5. Lorsqu'il y aura nécessité de loger chez l'habitant des troupes qui *devront tenir garnison,* si leur séjour doit s'étendre à la durée d'un mois, les seuls logemens des sous-officiers et soldats, et les écuries pour les chevaux seront fournis en nature ; *à l'égard des officiers, ils ne pourront prétendre à des billets de logement pour plus de trois nuits,* et ce terme expiré, *ils se logeront de gré à gré* chez les habitans, au moyen de la somme qui leur sera payée suivant leur grade.

Art. 8. Faute de bâtimens affectés au logement des troupes destinées *à tenir garnison dans un lieu quelconque,* il y sera pourvu, autant que faire se pourra, en établissant lesdites troupes dans les maisons vides et convenables, et il sera fourni en outre aux troupes à cheval des écuries suffisantes pour leurs chevaux. Ces *maisons* et *écuries* seront choisies et *louées* par les commissaires des guerres, qui seront autorisés à requérir les soins et l'intervention des municipalités pour leur faciliter l'établissement des logemens dont ils seront chargés. De plus, les agens militaires, désignés à cet effet par les réglemens, feront, en présence d'un ou de plusieurs officiers municipaux, la reconnaissance des maisons et écuries qui seront *louées,* afin de constater l'état dans lequel elles se trouvent, afin de pouvoir, au départ des troupes, estimer, s'il y a lieu, les indemnités dues aux propriétaires pour les dégradations qu'auraient éprouvées ces maisons et écuries.

Peut-être objectera-t-on que cette loi ne s'applique qu'au territoire de la France et que les pays étrangers, même habités par des Français, sont en dehors de ses dispositions. Cette prétention serait évidemment contraire aux énonciations qui précédent; mais pour trancher promptement la discussion et arriver sans détour au sujet qui nous préoccupe, il doit suffire de constater que les pays d'Alger, à l'occasion desquels nous écrivons, n'ont été acquis au vainqueur qu'aux termes d'une capitulation, qui, par son art 5, stipule formellement le respect des biens, et que l'ordonnance royale du 22 juillet 1834, en les qualifiant de *possessions françaises d'Afrique du nord*, assimile aux possessions du royaume. Plus possible dès-lors, par de vaines arguties, d'échapper au droit commun et d'imposer la plus violente des exactions aux vaincus ou ayans-droits.

Les lois françaises autorisant même ce qu'elles défendent expressément, il faudrait encore subir les conditions arrêtées lors de la conquête, et se garder d'enfreindre le pacte promulgué par les parties belligérantes, sous peine de parjurer la foi promise et d'afficher une impie déloyauté.

Ces données bien comprises, d'autres considérations encore devraient en faire la base essentielle des actes du pouvoir dans les circonstances présentes. En effet, quel but se propose la métropole dans l'adjonction des possessions d'Afrique au territoire du royaume? nécessairement la prospérité de ces pays fertiles et populeux. Pour atteindre ce résultat, des capitaux et des bras européens sont indispensables, et leur émigration ne peut s'opérer qu'à la faveur de

la protection de tous les droits des colons et des indigènes, de la propriété surtout, qui est le plus saint
des privilèges de l'homme et l'objet de ses plus ar-
dentes affections.

Il ne faut pas se dissimuler que c'est à l'envahis-
sement arbitraire et à la spoliation des biens de ville
et des champs des Européens et des indigènes; à la
profanation incessante des temples du culte musul-
man; aux attentats de toute nature envers les per-
sonnes et les propriétés, que sont dues les clameurs
universelles qui, depuis quatre longues années,
accusent les autorités qui se sont succédé dans la
Régence; le découragement profond et la répugnance
générale pour toute tentative d'entreprises utiles au
bien du pays et de ses habitans : c'est encore au mé-
pris de ce sacré devoir de justice de tout gouvernement qu'il faut attribuer la rare émigration, la
négligence de la culture des terres, source de toutes
richesses, la paralisation du commerce, de l'industrie, et la misère commune !

Je comprends cependant que l'armée, même
quand elle touche les prestations de campagne, même
quand elle est onéreuse aux nationaux, et c'est la
double espèce en Alger, doive être logée, non pas
sans doute avec toutes les commodités de la vie de
garnison, alors qu'en Afrique elle aspire à mieux et
l'obtient; mais de manière à n'être pas exposée aux
intempéries des saisons. A cet égard plusieurs moyens
doivent efficacement pourvoir à ce besoin, qui du

reste est en dehors des sollicitudes spéciales de l'habitant, soit en appliquant les propriétés de l'État à cet usage, soit en construisant des casernes et des pavillons, soit en achetant des propriétés privées pour leur donner cette destination, soit enfin en payant à l'officier l'indemnité de logement réglée par les tarifs. Dans les trois premières hypothèses pas de difficulté insurmontable ; dans la dernière pas d'embarras sérieux, chacun, suivant son grade, pouvant trouver un logis plus ou moins opulent, selon que ses allocations ou ses dispositions à cet objet seront plus ou moins considérables. Ce dernier mode aurait encore l'avantage de mettre les immeubles urbains en valeur, d'encourager les édifications et de livrer des fonds au commerce et à l'industrie, dont la double action centuplerait l'importance.

Si, dans le cas d'insuffisance des bâtimens de l'État et de l'inopportunité des autres procédés, l'autorité s'arrêtait au dernier mode proposé, il se pourrait que l'indemnité de logement, attribuée aux grades inférieurs surtout, ne fut pas suffisante pour subvenir à la nécessité qu'elle a pour objet. Tarifer, pour les mettre en harmonie, le revenu des biens, ne saurait légalement ni équitablement remédier à cet inconvénient ; augmenter les allocations serait encore frapper le trésor d'une surcharge de dépense excédant le budget ; mais un milieu entre ces deux difficultés se présente à la pensée , je vais l'exposer dans toute sa simplicité.

Considéré comme un impôt, et c'en est un véritable, le logement militaire doit peser également sur toutes les habitations de la cité en proportion de leur importance et de leur valeur, et ni les indigènes, parce qu'il est contraire à leurs mœurs et à la capitulation d'Alger, ni les Européens, parce qu'ils ont succédé aux droits de ces derniers, ne sauraient ni s'en défendre ni s'en plaindre. Tous doivent concourir à cette charge inévitable et commune; mais pour respecter les usages locaux, le pacte politique cité et les convenances de tous, cet impôt serait payé en deniers, et sa cote réglée tous les semestres par la municipalité, pour la tenir en rapport constant avec les exigences variables de cette mesure de justice distributive.

Les fonds en provenant seraient encaissés par la municipalité qui serait autorisée, après avertissement sans frais, à décerner exécutoire pour opérer leur recette, et ils serviraient à payer, sur estimation, un supplément de loyer aux propriétaires qui auraient consenti à fournir le logement réglementaire en nature, moyennant l'indemnité attribuée au grade du locataire. Ce moyen, qui n'est pas puisé aux sources de la loi stricte, n'en dérive pas moins de ses principes d'équité, et devra également satisfaire les besoins rigoureux des uns et les justes prétentions des autres, sans attenter à aucune garantie des droits publics et privés.

On pourrait encore mettre la charge du supplément, même, au besoin, de l'intégralité (1) du prix du logement militaire au compte de l'octroi, qui, étant un impôt de consommation, et l'armée consommant elle-même sa forte part, il parerait à un besoin dont il recueille le fruit sur la totalité des consommateurs; et la garnison, veillant à la sûreté de tous, chacun ainsi participerait aux frais de la défense commune en raison exacte de sa dépense animale, et, en général, de sa fortune. Telles sont aussi, à-peu-près, les dispositions d'un décret de 1810.

Mais pour ne pas affecter l'Arabe, pourvoyeur ordinaire des marchés, dans la perception trop considérable de droits d'entrée aux portes de la ville, c'est peut-être aux marchands citadins qu'il faudrait appliquer cette imposition; cependant ce mode entraînerait des dispenses au profit de beaucoup d'individus, à moins qu'il bornât l'exception aux *seuls* Arabes.

Peut-être serait-il mieux, et sans doute plus régulier, d'autoriser un marché *extrà-muros* près de chaque porte, où ne serait perçu aucun droit, tandis que *toute introduction* en ville le subirait sans distinction d'individus et de races. Par là, marchands et consommateurs, à l'intérieur, seraient tous atteints par le fisc communal, et l'Arabe, à son gré, aurait

(1) Si l'on prétendait, malgré des exemples récens qui attestent un fait contraire, que les prestations du pied de guerre, ne peuvent pas se cumuler avec l'indemnité de logement.

la faculté de se soumettre ou d'échapper au droit préalable d'octroi, sans préjudice aucun pour l'importance de la perception. Un tribut quelconque frappé sur l'indigène des champs excitant à la fois ses haines et ses répugnances, cette mesure aurait l'avantage de les prévenir, et ce résultat est digne de la plus haute considération.

Par une dérogation au droit commun, la location pour cause d'utilité publique pourrait encore avoir lieu dans les mêmes formes que l'expropriation pour cette cause, des maisons que les propriétaires refuseraient de livrer volontairement, à prix d'argent, pour les besoins *constatés* des services de l'armée et de son administration. Cette dérogation aux principes légaux trouve son excuse dans les circonstances et les lieux pour lesquels elle est proposée.

Du reste l'administration adoptera celui des procédés signalés qui lui paraîtra le plus convenable, ou tous simultanément, ou tous autres qu'elle préférera, comme enfin elle trouvera mieux pour les intérêts du trésor et de l'armée, de la justice et de la propriété; mais dans aucune circonstance elle ne peut faire céder d'une manière *absolue* les prescriptions des lois positives, qui autorisent l'us et l'abus des biens par le propriétaire aux exigences des réglemens militaires, qui attribuent aux généraux en chef tel nombre de chambres de maître et de domestiques qu'ils arbitrent, avec cuisine et écuries; aux lieute-nans-généraux quatre chambres de maître et un cabinet garnis, chambres et lits suffisant pour coucher, de deux en deux, ses domestiques, cuisine et écuries, et de même, en décroissant, pour les autres grades.

On le pense bien, ce n'est pas en tout lieu, dans une petite ville ou un bourg, ni en Alger spécialement, que de semblables dispositions peuvent être exécutées; car elles sont nécessairement subordonnées à la possibilité de les accomplir, à la charge même de ne pas déplacer la famille de l'hôte.

Les pays de l'Algérie, désormais *possessions françaises* (voir le *Moniteur* du 13 août 1834), ne doivent pas être traités autrement que les pays de la Métropole, et si une exception pouvait être faite à la législation existante, elle devrait émaner de la législature ou tout au moins d'une ordonnance royale, et encore conviendrait-il qu'elle se proposât plutôt une faveur qu'une charge, pour entrer dans les vues du gouvernement, dont les desseins manifestes sont de presser la prospérité de notre conquête et de hâter le terme de sa possession onéreuse; prospérité qui ne peut naître que de la plénitude du droit de propriété si spécialement garanti d'ailleurs, il est à propos de le redire, par la capitulation d'Alger. Cependant une nécessité est flagrante, le logement militaire, et pour l'accueillir, j'ai indiqué un mode qui semble concilier tous les intérêts sans trop altérer le texte des lois françaises et en restant toujours dans leur esprit.

Si cependant, peu touchée des leçons du passé, l'autorité voulait persister dans ses pratiques de parjure et d'arbitraire, au détriment des intérêts publics et des intérêts privés, de sa considération et du bien-être général, elle se ferait maudire et anéantirait toutes les sources de prospérité qui doivent si abondamment jaillir sur ce sol fortuné, en même tems que des actions judiciaires seraient portées devant les tribunaux, que ne composeront plus des hommes ignorans et commis serviles, et leur devoir et leur conscience les conjureraient de condamner, aux termes de la capitulation d'Alger et des lois françaises, promulguées dans le pays par l'art. 31 de l'ordonnance royale du 10 août 1834, les prétentions exorbitantes d'un tel ordre de choses. De là mésintelligence entre la justice *souveraine* et l'administration *subordonnée ! !*

Le gouverneur d'Alger, qui, également ami des lois, de son pays et de sa réputation, fera cesser l'odieux abus de la violation des propriétés et le scandale permanent des outrages à la religion des indigènes, obtiendra l'assentiment général, ouvrira des voies à l'émigration et aux capitaux désormais rassurés, et se conciliera, avec les suffrages de la métropole et de la colonie, les tribus ennemies, dont le dépôt des armes, pour préférer à des combats inefficaces et sans but, des transactions commerciales profitables, suivra de près l'accomplissement de ces mesures équitables, tant et vainement réclamées au nom de la Raison, de la Justice et de l'Humanité.

Voilà, Monsieur le Gouverneur-Général, en quels

termes je complète l'entretien que j'ai eu l'honneur d'avoir avec vous. Je fais des vœux bien sincères pour que vous trouviez, dans la liberté de mon expression, le témoignage de mon dévouement à la chose publique, et de la confiance que m'inspirent vos loyales intentions.

J'ai l'honneur d'être avec un profond respect,

Monsieur le Gouverneur-Général,

Votre très humble et très obéissant serviteur,

CAPPÉ,

13, rue de Marivaux, Paris.